# LE PELERINAGE

## DE SAINCT COSME ET SAINCT DAMIAN EN

L'EGLISE COLLEGIALE DE LVZARCHES, au Diocese de Paris,

*Par C. BAZOT, Docteur en la Faculté de Theologie de Paris, Curé de Luzarches.*

# S. GREGORIVS TVRON.

## EPISCOP. DE GLORIA

### Martyrum, lib. 1. cap. 98.

### de SS. Cosma & Damiano.

*SI quis infirmus ad eorum sepulchrum fide plenus orauerit, statim adipiscitur medicinam. Referunt plerique apparere eos per visum languentibus, & quid faciant indicare: quod cum fecerint sani discedunt. ex quibus multa audiui, quæ insequi longum putaui, hoc existimans posse sufficere: quod dixi, cuncti fideliter deprecantes sani discesserunt.*

# LE PELERINAGE

## DE SAINCT COSME ET

SAINCT DAMIAN, EN L'EGLISE
Collegiale de Luzarches, au Diocese de Paris.

DIEV admirable en tous ses Saincts, a faict particulierement paroistre des merueilles en ces deux freres gemeaux S. Cosme & S. Damian ; qu'il a voulu estre non seulement freres selon la chair & le sang, mais aussi d'affections & volontez, de profession & vacation, de Religion, de martyre, de gloire dans le ciel, finalement de cult & veneration sur la terre ; pour le bien & edification de tous ceux que la charité Chrestienne oblige à viure ensemble, & s'entr'aimer comme freres, ainsi qu'ont faict ces deux nobles Martyrs : Ils nasquirent en Arabie, Prouince de l'Asie proche de la Palestine, & ayant perdu leur pere, le nom duquel est demeuré dans l'oubly de l'anti-quité, & qui neantmoins reçoit le tesmoignage d'auoir vefcu en homme de bien, & auoit fait grand eftat de la pieté, & du feruice de Dieu : Ils furent foigneufement efleuez par leur mere Theodote. Cefte mere vrayement & doublement mere, n'ayant pas feulement foin du corps qu'elle leur auoit donné, mais principalement de l'ame qui leur auoit efté donnée de Dieu, les feift inftruire aux bonnes lettres. & à la pieté & deuotion tout enfemble. Or comme ils furent paruenus à l'aage de choifir à quelle fcience ils s'adonneroient principalement, ils embrafferent la Medecine, & s'y eftants rendus tres-fçauants fe meirent à la pratiquer. Mais parce qu'ils eftoient conduits de charité en toutes leurs actions, & cherchoient pluftoft le falut des ames de leurs malades, que la feule fanté du corps, Dieu rendit leur pratique grádement heureufe, voire miraculeufe, operant bien fouuent par eux des guerifons que n'euffent fceu produire leur fcience & experience, ne les remedes & medicaments naturels. Ce fut ce qui leur acquift deux excellentes qualitez de Medecins faifeurs de miracles, gratuits & anargyres qui ne cherchoient point de l'argent, & les richeffes, qu'apporte la pratique de cefte fcience, à ceux qui l'exercent pour en tirer du profit. Or com-

*S. Gregorius Turonenfis.*

*S. Aldhel-mus.*

*Menologium.*

*Theo. Balfa-mon.*

me ils viuoient en vn siecle que l'on perse-
cutoit fort les Chrestiens l'an 285. durant
la dixiesme & plus sanglante persecution
des Empereurs Diocletian & Maximian, &
faisoient profession publiquement de la
Religion Chrestienne, qui adore vn seul &
vray Dieu, ils furent apprehendez par les
idolatres, & accusez d'estre Chrestiens, &
par consequent nouateurs en faict de Religion & perturbateurs du repos public. Diocletian dés qu'il fust Empereur donna le
gouuernement de la Cilicie, Prouince d'A-
sie, aussi bien comme l'Arabie, en qualité de
Proconsul à Lysias homme violent pour
tourmenter cruellement, & auec artifice
attirer par belles paroles & promesses les
Chrestiens qui luy seroient presentez, & le
continua plusieurs années en ceste charge
là, d'autant qu'il acqueroit vne grande re-
putation entre les payens, à cause de la
grande boucherie qu'il faisoit des Chrestiens. Ce fut donc à ce Iuge que furent
amenez ces saincts Freres par son comman-
dement, lors qu'il estoit à Egée ville de son
gouuernement. Lysias les interroge de leur
païs & de leurs noms : ils respondent auec
vne franchise & modestie vrayement Chrestienne, & adioustent à la declaration de
leurs noms & païs, qu'ils sont Chrestiens.

A iij

Martyrolo-
ge Grec.
Liturgie de
S. Chryso-
stome.
Acte de S.
Zenobius
Euesque &
Martyr en
Cilicie.
Beda.
Ado.
Breuiaire du
Monastere
de S. Remy
de Reims,
Surius.
Baronius.
Lippelous.

Les premieres armes dont se seruit le Iuge
pour esbranler leur constance, furent les
douces paroles & promesses, par lesquelles
il pensoit leur persuader que quittant la foy
du vray Dieu, ils vinssent à sacrifier aux ido-
les. Mais voyant qu'il n'y gagnoit rien il
changea de batterie, & commanda à ses
bourreaux de les tourmenter & fouëtter
autant cruellement qu'ils pourroient : Les
saincts se moquent des supplices ayans vne
saincte confiance en Dieu, deffient le tyran,
afin qu'il exerçast sur eux toute la furie de
ses tourmens, & qu'on verroit la puissance
de N. S. Iesus-Christ dans l'infirmité de
leurs corps. Il les fait lier, garotter & ietter
dans la mer. Là le Dieu qui garde Israël, &
ne dort, ne sommeille iamais, & qui conser-
ue mesme les os des siens, en sorte qu'aucun
d'iceux ne soit rompu & brisé, leur feist vne
faueur singuliere, leur enuoyant vn Ange
qui rompit leurs chaisnes, & les garentit de
ce danger, & de souffrir la mort par cét im-
piteux element de l'eau. Aussi estoient-ils
reseruez à bien d'autres supplices pour la
gloire de Dieu, & l'aduancement de la Religion Chrestienne, qu'ils auoient receuë &
publioient hardiment par tout. Car les sol-
dats & satellites de Lysias, luy ayant rap-
porté ceste deliurance miraculeuse, il creut

qu’elle eſtoit arriuée par enchantemens &
magie : & ayant propoſé à ces ſaincts Martyrs, qu’ils luy appriſſent leur art magique,
& qu’il ſe rangeroit de leur party, & ſuiuroit
leur opinion, & iceux luy ayant reparty,
qu’ils eſtoient Chreſtiens, & n’auoient co-
gnoiſſance d’aucuns enchantemens, male-
fices, & ne les craignoient auſſi nullement,
eſtans en la protection de Ieſus-Chriſt, il les
feiſt ſerrer en priſon iuſques au lendemain,
qu’il commanda eſtre allumé vn grand feu,
dans lequel il ordona qu’ils fuſſent iettez en
ſa preſence. Mais ce fut encores en vain:
car les Saincts arreſterent la force de cét autre element, par leurs prieres, & la flamme
ne leur nuiſit & ne les endommagea non
plus que ces trois enfans de la Loy eſcrite,
qui chanterent les loüanges de Dieu, &
inuiterét toutes les autres creatures à le be- Daniel. 3.
nir, au milieu d’vne fournaiſe ardente. Le
tyran tout confus & eſperdu à vn ſi mer-
ueilleux ſpectacle, n’arreſta pourtant ſa ra-
ge & ſa fureur. Ains continuant d’imputer
ce faict à vne magie & ſorcellerie, comme
faiſoient d’ordinaire tous les autres tyrans
& perſecuteurs des Chreſtiens, voyant les
merueilles que Dieu faiſoit en eux & par
eux, il ordonna qu’ils fuſſent pendus en
l’air, & griefuement tourmentez mis à la

torture : en outre qu'ils fuſſent attachez à
des croix , & eſleuez en icelles meurtris à
coups de pierres,& tirez à coups de fleches.
En ſorte qu'il ne ſe trouue quaſi aucun gen-
re de ſupplice de ceux que tous les Martyrs
ont ſuby à part, que ceux-cy n'ayent enduré tout enſemble. Et par conſequent pou-
uoient auec vne ſaincte confiance repreſen-
ter à leur Remunerateur, qu'ils auoient laſ-
ché & decoché ſur eux tous ſes flots &
fleaux. En fin ce tigre reueſtu en homme
voyant que les pierres & fleches au lieu
d'offencer les ſaincts reuenoient vers ceux
qui les auoient ietté, & que les Martyrs
d'vn viſage gay & contenance reſoluë ſup-
portoient & ſurmontoient tous ces tourmens, il les condamna à auoir la teſte tran-
chée. Et en ceſte façon fut conſommé leur
martyre l'an 285. de noſtre Redemption, la
ſeconde année de l'Empire de Diocletian,
qui fuſt 20. ans à exterminer les Chreſtiens
par toute ſorte de ſupplices. Ces genereux
Martyrs par leur conſtance & bon exem-
ple , au commencement de ceſte ſanglante
perſecution encouragerent fort les Chreſtiens à bien faire. L'on tient qu'auec eux
furent auſſi martyriſez leurs trois freres An-
timus , Leontius, & Euprepius. Les Chreſtiens rendirent à leurs corps l'honneur de
la

Pſal. 67.

la ſepulture, & les meirent prés la ville d'E-
gée, qui auoit eſté honorée de leur triom-
phant Martyre, leurs ſainctes Reliques ont
eſté portées en pluſieurs lieux par les Chreſtiens, qui ont baſty pluſieurs Temples,
Egliſes & Chappelles à Dieu ſous leur
nom & inuocation par toute la Chreſtienté, auſquels pluſieurs accourent ou en-
uoyent pour obtenir ſecours de Dieu en
leurs maladies, & ſpecialement aux douleurs cuiſantes du calcul ou de la pierre,
par interceſſion de ces ſaincts & pour luy
en rendre graces & accomplir leur vœu
ayant obtenu parfaicte gueriſon. Au cin-
quieſme ſiecle ces ſaincts eſtoient tellemét
honorez que chacun trauailloit à leur baſtir des Egliſes. Le diuin Abbé Sabas ayant
receu vne bonne ſomme d'argent de l'Empereur Anaſtaſe, qu'il auoit rendu d'exa-
cteur de grands tributs qu'il eſtoit aupara-
uant vn grand aumoſnier, employa vne
partie d'icelle pour ſubuenir aux Monaſte-
res qu'il auoit ſouz ſa charge, & vn autre
partie à faire baſtir vne Egliſe ſouz l'inuocation de S. Coſme & S. Damian, au lieu
où eſtoit la maiſon qui luy eſtoit venuë de
ſon pere. En meſme temps le Pape S. Sym-
machus erigea auſſi vn Oratoire ou Chappelle de S. Coſme & S. Damian dans vne





B

Eglise de la Vierge Marie en la ville de Rome. Incontinent aprés le Pape S. Felix 4 du nom baſtit auſſi vne Eglise de S. Coſme S. Damian dans la meſme ville de Rome, & l'Empereur Iuſtinien changea l'ancienne ſtructure de l'Eglise de S. Coſme & S. Damian à vn lieu fort haut prés la ville de Conſtantinople, auquel il auoit eſté porté eſtant en l'extremité & abandonné des Medecins, où les ſaincts luy apparurent (comme ils faiſoient ordinairement aux malades qui les reclamoient, leurs inſpirant ce qu'ils auoient à faire pour le recouurement de leur ſanté) le guerirent & pour marque de ſa recognoiſſance iugeant ce temple trop ſimple & n'eſtre pas aſſez digne de la gloire de ces ſainchs, le rendit & plus grand & plus beau. Le meſme Empereur releua les murailles de la bourgade appellée Cyre en la Syrie, non ſeulement pour la ſeureté de ſon Eſtat & commodité de la Prouince, mais auſſi à cauſe de l'honneur qu'il rendoit particulierement à nos grands Martyrs ſainct Coſme & ſainct Damian, deſquels les corps en eſtoient fort prés. Enuiron l'an 600. viuoit en Orient vne Abbeſſe nommée Damiane, laquelle auant que d'eſtre recluſe, alla en vne Eglise de S. Coſme le iour du Vendredy Sainct, y paſſa la nuict en medi-

Ioan Diacre en la vie de S. Gregoire.

Procop. l. 1. de ædif. Iuſt.

Gregoire de Tours liu. 1. ch. 98 de la gloire des Martyrs.

Procop. lib. 2. de ædif.

Sophronius cap. 127. prat. ſpir.

tations & prieres, & l'année suiuante y re-
tourna & mena auec elle sa niepce, qui
estoit aussi niepce de l'Empereur Maurice.
Sainct Gregoire Euesque de Tours, faict
mention des Reliques de ces saincts Martyrs par luy posee dans vne Chappelle
sainct Martin, sur la fin du septiesme siecle
le Pape Sergius fit trauailler à l'Eglise de
ces saincts Martyrs ( qu'on dit auoir esté
placée au lieu où estoit le Temple de Ca-
stor & Pollux ) l'embellit & l'enrichit de
beaucoup de presens à Rome : Sainct Lam-
bert Euesque de Liege receut le coup de
lance qui luy fit finir ses iours par vn glo-
rieux martyre comme il prioit Dieu ayant
les mains estenduës en forme de Croix deuant vn Autel S.Cosme S. Damian dans la
ville de Liege. Ce fust dãs vne Eglise sainct
Cosme sainct Damian prés la ville de Pauie
qu'arriua ceste memorable apparition de
S.Augustin à quarante pelerins qui alloient
à Rome, pour les aduertir qu'ils seroient
gueris dans l'Eglise de sainct Pierre au Ciel
d'or en ladite ville de Pauie, où reposoit le
corps de sainct Augustin qui y auoit esté
apporté de l'Isle de Sardaigne, où Luith-
prand Roy des Lombards l'auoit enuoyé
rachepter d'entre les mains des Barbares
qui rauageoient cét Isle. Il n'y a eu endroit

de la terre habitable où les Chreſtiens
n'ayent baſty quelque Egliſe ou Oratoire
en l'honneur de ſes ſaincts, tant la memoire
en eſtoit recommandable. A quoy faut ad-
iouſter que les Grecs en faiſoient trois Fe-
ſtes, le premier Iuillet, le 17. Octobre, le
1. Nouembre ; & l'Egliſe tant Orientale
qu'Occidentale, ayant inſtitué d'employer
l'interceſſion de quelques ſaincts pour ce-
lebrer plus dignement la ſaincte Meſſe, &
paruenir à ceſte grande action de la conſe-
cration du corps & ſang precieux de noſtre
Sauueur & Redempteur Ieſus-Chriſt, y a
mis les noms de S. Coſme & S. Damian,
comme il ſe recognoiſt en l'Egliſe Grecque
par la Liturgie ou Meſſe de ſainct Iean
Chryſoſtome, & en la Latine par le ſainct
Canon qui ſert & ſe dit en icelle. D'abon-
dant, il y a en l'Egliſe de Rome qui eſt la
maiſtreſſe & la regle de toutes les autres
des Stations & Egliſes deſtinées pour faire
les prieres le long du ſainct temps de Ca-
reſme, l'Egliſe de S. Coſme & S. Damian a
eſté choiſie entre les autres, & s'y font les
prieres le Ieudy de la my-Careſme, & a eſté
touſiours ſi grande la deuotion à ces ſaincts
Martyrs dans la ville de Rome, qu'il y a
tres-grande apparence, que c'eſt ce qui a
donné ſubiect à quelques vns de penſer

qu’ils y auoient esté martyrisez : attendu
que ceux-là principalement ont obligation
à la memoire & veneration des saincts Martyrs, la terre desquels a esté honorée de leur
vie & de leur Martyre, & qui specialement
en possedent les Corps & Reliques. Mais
les benedictions versées par sainct Remy

Flodoard l. r.
Brisson lib. 7.
de formulis.

Archeuesque de Reims, dans son testamét
sur le tres-Chrestien Roy Clouis & sur ses
successeurs, pour l’augmentation de l’E-
glise, tandis qu’ils obserueroient l’ordre
qu’ils leur auoit prescrit, pour le bien d’icelle sembloit requerir que la France eust
entr’autres deuotion à ces saincts Martyrs
S. Cosme & S. Damian à l’Eglise desquels
il faisoit du bien. Ceste belle deuotion se
trouue heureusement au bourg de Luzarches par vne singuliere faueur du Ciel, &
arriua ce bon-heur en ce lieu enuiron l’an
1180. du temps du Pape Alexandre troi-
siesme, & sur la fin du regne de Louis le
Ieune, temps auquel la noblesse Françoise
alloient à la terre Saincte faire la guerre aux
infidelles. Iean de Beaumont Seigneur de
Luzarches, fils & frere de deux Mathieu
Comtes de Beaumont, ayant recouuré ce
riche tresor en ce voyage, luy ayant esté
donné en recognoissance de quelque grand
& signalé seruice qu’il auoit rendu à la

Chreſtienté, le fiſt apporter en ſa terre de
Luzarches, & poſer dans l'Egliſe parrochiale, baſtie auprés d'vn des deux chaſteaux dudit Luzarches, iuſques à ce que
pour ſatisfaire entierement à ſa deuotion, il
euſt fait baſtir vne belle Egliſe, pour les y
placer dans vn de ſes chaſteaux ſituez ſur
vne colline à vn des bouts dud. lieu, laquelle Egliſe ayant dotté & fait eriger en Egliſe
Collegiale, compoſée d'vn Preuoſt & ſept
Chanoines, & la fondation receuë approuuée par le Pape Lucius troiſieſme. Ces
ſainctes Reliques furent tirées d'vne quaiſſe de bois couuerte de cuir noir qui eſt encores conſerué ſous le maiſtre hoſtel de l'Egliſe parrochiale, furent miſes dans des
chaſſes d'argent, & portées dans ladite
Egliſe baſtie à cét effect. Quant au fondateur il appert eſtre celuy que nous auons
nommé, parce qu'au pignon de l'Egliſe Colegiale de ſainct Coſme à Luzarches, derriere le grand hoſtel tout en haut il y a deux
figures d'vn homme & d'vne femme à genoux tenans chacun vne Egliſe ou chaſſe
en leurs mains, deuant eux la repreſentation de ſainct Coſme & ſainct Damian, &
au deſſous ces inſcriptions, *Monſieur Iean
Comte de Beaumont, Seigneur de Luzarches, fondateur de ceſte Egliſe, & Madame la Comteſſe ſa*

*femme*. Et quant au temps il se verifie par vne lettre de donation de quelques heritages & remises de droicts seigneuriaux à l'Abbaye d'Eriuaux prés dudit Luzarches, par ledit Iean Comte de Beaumont comme seigneur de Luzarches, du consentement de Madame la Comtesse Ieanne sa femme, en l'année 1210. & est ladite lettre aux Archiues de ladite Abbaye d'Eriuaux, & m'a esté monstré par le R. P. Iean Renault Prieur Claustral de ladite Abbaye. Le mesme se recognoist par vn tiltre de donation de vingt sols parisis sur le trauers de Beaumont, fait par ledit Iean Comte de Beaumont, pour faire prier Dieu pour luy & pour Ieanne la Comtesse sa femme en datte de l'an 1220. au mois de Ianuier, & est ce tiltre parmy ceux du Prieuré de sainct Leonor de Beaumont, dans les Archiues de sainct Martin des Champs de Paris dont il est dependant. Au Martyrologe du mesme Prieuré de sainct Leonor est cotté le deceds dudit Iean Comte de Beaumont le 15. Mars, & celuy de Madame la Comtesse Ieanne le 29. Nouembre, & y est faict mention de leurs bien-faicts audit Prieuré. Or L'an 1212. depuis la celebrité & deuotion du lieu s'est tousiours accreuz & dés l'an 1226. s'y est erigée vne Confrairie qui continuë &

s'augmente tous les iours Les Chanoines
de ladite Eglife ayans prefenté leur Re-
quefte à l'Euefque de Paris nommé Renault, à ce qu'il luy pleuft affigner vn iour
pour dédier ladite Eglife l'an 1250. au mois
de Iuillet, & iceluy ayant choifi le Diman-
che deuant la S. Luc, il vint faire la Dedicace de ladite Eglife Collegiale ledit iour audit an 1250. & y donna des Indulgences,
comme auffi le Pape Innocent 4. tant pour
ladite année que pour les fuiuantes à la fe-
fte de la Dedicace & durant les Octaues
d'icelle. Auffi Ieanne Royne de France &
de Nauarre Comteffe Palatine de Bourgongne, femme de Philippe 5. dit le Long
Roy de France, ayant recogneu que ces
fainctes Reliques de fainct Cofme & fainct
Damian repofoient dans des chaffes de bois
defia vieilles, & couuertes d'argenterie
fort mince & legere, & qui luy fembloient
peu honorables pour contenir vn fi riche
trefor, en fit faire de plus riches & mieux
façonnées, & les y fift pofer, ayant obtenu
permiffion de l'Euefque de faire cefte tran-
flation, & de choifir tels Prelats qu'il luy
plairoit pour accomplir cefte deuotion,
ainfi l'an 1320. le vingt-troifiefme du mois
d'Octobre, Pierre Euefque de Neuers,
Guarin Euefque de Sagone, Gilles Abbé
de

de sainct Denis en France, Iean Abbé de
saincte Geneuiefue de Paris, firent ce chan-
gement de chasses ayant veu vn escrit an-
cien qui contenoit ces mots, *Icy sont les Re-*
*liques des saincts Martyrs Cosme & Damian,*
& ayant manié & monstré en toute reue-
rence les susdites Reliques à ladite Royne
Ieanne, & à Madame Ieanne Duchesse de
Bourgongne sa fille, & à beaucoup d'autre
Noblesse, & peuple qui se trouua là en
grande affluence, de quoy ils feirent dresser
vn acte & y appofer leurs fcels, depuis en a
esté tiré vne copie sur vn vieil original pris
des Archiues de ladite Eglise S. Cosme par
defunct Maistre Philippes le Bel, Docteur
en Theologie, Chanoine de ladite Eglise,
& Curé dudit Luzarches, & s'est trouuée
ceste copie parmy ses papiers escrite &
signée de sa main. La deuotion y a tousiours
continué depuis, & signamment au iour &
feste des susdits Martyrs le 27. Septembre.
Auquel se trouue audit Luzarches vne
grande quantité de pelerins, de diuers
quartiers de la France. Cela fait encores
pour l'honneur de ces glorieux Martyrs
que nostre Roy tres-Chrestien Louis XIII.
qui leur a vne deuotion particuliere, à cause qu'il est né sur la terre, au iour qu'ils son
nez pour le Ciel, passant par Luzarches a

C

voulu vifiter ladite Eglife, y entendre la
fain&te Meffe, & faire fes prieres deuant les
Chaffes & fain&tes Reliques qui ont efté tirées plufieurs fois de leurs armoires, pour
eftre monftrées à fa Majefté. La Royne l'a
auffi imité en cefte deuotion au voyage
d'Amiens 1632.

Il ne refte plus qu'à confirmer cefte deuotion à S. Cofme & S. Damian, par les
miracles fai&ts par leur interceffion, &
combien qu'il s'en foit fai&t plufieurs par le
moyen du pelerinage dudit Luzarches, &
que beaucoup eftant efchappez de l'extré-
me douleur de la taille pour la pierre par
les fuffrages defdits fain&ts Martyrs, y foiét
venu loüer & remercier Dieu en fes
Sain&ts, & y ayent apporté pour trophées
les pierres tirées de leurs corps, enchaffées
en argent, & que fort fouuent Dieu fai&t
paroiftre en ce lieu, combien luy eft agrea-
ble l'interceffion de ces Sain&ts. Neantmoins parce que plufieurs chofes, & fpecialement les miracles, tirent vne grande
recommendation & veneration de leur
antiquité : Nous nous contenterons de
parler de ce qui s'eft paffé tant au fixiefme
qu'au hui&tiefme fiecle. Quant au fixiefme
on peut veoir ce qu'en a efcrit fain&t Gregoire Euefque de Tours en fon liure de la

Gloire des Martyrs. On fçaura quelle eſtoit la deuotion de ſon temps l'an 570. & l'an 600. que ſi vn malade approchoit du lieu où repoſoit leurs corps auec vne gran-de foy & confiance en Dieu, incontinent il receuoit guerifon, (& adiouſte-il) beau-coup de perſonnes aſſeurent qu'ils appa-roiſſent aux malades pour les enſeïgner ce qu'ils doiuent faire afin de recouurer leur ſanté, ce qu'ayant faict ne manquent d'eſtre gueris. Ce ſainct Eueſque & grand Hiſto-rien de noſtre France ayant appris beau-coup de miracles qui s'eſtoient faicts de tous coſtez par l'interceſſion de ces glo-rieux Martyrs, pour n'eſtre trop long au re-cit qu'il en pourroit faire à cauſe du grand nombre finit ſon Eloge, diſant, que tous ceux qui les ont bien inuoqué en ont receu guerifon & contentement. Quant au hui-ctiefme ſiecle il nous ſuffira de propoſer icy les miracles rapportez dans le ſecond Con-cile de Nice qui eſt le ſeptiefme Oecume- Concil. gene-ralium tom. 1 part. 1. nique ou vniuerſel du temps du Pape Adrian premier l'an 787. contre les en-nemis de l'inuocation des Saincts & de la veneration de leurs Images & Reli-ques, auquel ſe trouuerent plus de trois cens cinquante Eueſques. En la quatrief-me action de ce Concile ſont deſcrits plu-

fieurs miracles faicts par l'inuocation des
fainéts en diuers lieux de la Chreftienté, &
entr'autres les trois qui fuiuent tirez du liure des Miracles de S. Cofme & S. Damian
leuz au Concile. Le premier eft d'vn hôme
qui ayant vn grand vlcere long & finueux
à la cuiffe aprés auoir vfé de beaucoup
de medicamens, mefme enduré les razoirs
& ferremens, & fouffert tout ce qui fe peut
quinze ans durant, fon mal s'eftant fendu
en quatre, & fuppurant en grande abon-
dance, de telle façon que fouuent la boiffon
qu'il prenoit fe defchargeoit par là, & les
Medecins l'affeurant qu'il n'y auoit main
d'homme qui le peut garentir, fut confeillé
par plufieurs d'aller à vne Eglife de S. Cofme & S. Damian, & en ayant pris la refolu-
tion il vit en repofant ces Saincts qui luy di-
foient *Vien vers nous, & tu feras guery*, il s'y
achemina comme il peut, & apres y auoir
demeuré vn an entier à prier tous les iours,
en fin il vint vne fois au fueil du porche de
cefte Eglife contemplant en la main droicte
vn tableau où eftoit defpeint noftre Sauueur, fa glorieufe Mere, & S. Cofme & S.
Damian: apres y auoir long temps prié fon-
dant en larmes, & inuoqué fpecialement
ces fainéts Martyrs il fe retira en fa cham-
bre, & vit la nuiét ces deux Sainéts, & au

milieu la Vierge qui leur difoit, *C'eft celuy-là, fecourez-le promptement*, ce qui arriua fi heureufement, la guerifon s'en eftant enfuiuie, que le miracle fuft recité à ce Concile, auec celuy d'vn nommé Conftantin qui fuiuoit les armes, & auoit vne grande deuotion S. Cofme & S. Damian defquels il portoit ordinairement les Images fur foy, ayant efté enuoyé de la ville de Nice à Laodicée, & s'y eftant marié fa femme vint à eftre trauaillé d'vn apoftheme en la machoire gauche qui luy caufoit des douleurs tres-violentes, il luy propofa qu'elle euft recours à ces fainɛts Martyrs, & luy dit que s'il eftoiét en fon païs il luy en monftreroit & feroit toucher l'Image, & qu'auffi toft fes douleurs cefferoient; Elle defira de pouuoir aller en leur Eglife quant elle feroit au païs de fon mary, puis s'eftant endormie vit ces fainɛts Martyrs luy difants, *Qu'auez-vous? dequoy vous tourmentez vous? pourquoy affligez-vous voftre mary? nous fommes icy auec vous, ne vous mettez en peine de rien*; ce qu'ayant fait entendre à fon mary, qu'il fe fouuint d'auoir cefte Image dont il luy auoit parlé, il la luy monftra, & elle recogneut que c'eftoit ceux qu'elle auoit veuë en fon repos, & qu'ils eftoient veritablement auec eux, puis qu'elle en receuoit l'entiere guerifon.

Le troisiefme miracle leu à ce Concile de
Nice fut d'vne femme fort deuote à ces
fainćts Martyrs, & qui ayant defia efté de-
liurée de quelque infirmité par leur interceffion alloit fouuent en leur Eglife, les re-
mercioit, les honoroit, les auoit iour &
nuićt en l'efprit, les faifoit reprefenter en
tous les parois de fa maifon, & ne fe pouuoit
raffafier de les regarder, vint à eftre tour-
mentée d'vne grande colique & douleurs
d'inteftins qui ne luy donnoient relafche, &
la contraignoient de s'agiter & rouler in-
ceffamment dans fon lićt ; fe trouuant feule
& en danger ; defcend de fon lićt, fe traine
& s'approche de ces Images des fainćts
Martyrs peintes en fa maifon ; vfant de la
foy pour bafton. Et fe leuant du mieux
qu'elle peuft, ratiffa de la peinture de ces
Images, la meift dans de l'eau qu'elle beut,
& incontinent fut guerie, & cefferent fes
douleurs ; Depuis elle vint à l'Eglife de ces
bien-heureux Martyrs rendre graces à
Dieu, qui donne à fes Sainćts tant de graces & faueurs, & raconta fa guerifon miraculeufe à ceux qui auoient la charge de ladite Eglife. Au commencement de ce huićtiefme fiecle fainćt Aldhel-
me Euefque des Saxons Occidentaux au
liure des Loüanges de la Virginité, faićt vn

recit sommaire de la vie de nos saincts Martyrs Medecins Celestes, tant renommez icy bas par leurs miracles rendans la veuë aux aueugles, la parole aux muets, l'ouye aux sourds, aux malades la santé, deliurans les boiteux & manchots de leurs incommoditez, chassans des Energumenes & possedez les malins esprits; glorieux en leur martyre d'auoir ioinct par l'integrité de leur vie, la palme de la virginité auec le triomphe du martyre: tousiours reclamez & surnommez Thaumaturgues, Operateurs de miracles, ce qui nous faict recognoistre que Dieu est admirable en ses saincts.

Theod. Balsamon tit. 7.

## F I N.

*Opera Dei reuelare & confiteri honorificum est.* Tob. 12.

# HYMNE

## DE S. COSME ET S. DAMIAN.

CAntemvs lætis vocibus
Æterno Regi gloriam,
Quidatis martyribus
Dedit triumphi gratiam.
Hoc in sanctorum gaudio,
Iesu saluator sæculi
Vultu cerne propitio
Deuotionem populi.
Cosmam sanctorum choreis,
Coniungis per martyrium,
Sic Damianum prouehis,
Christe redemptor omnium.
Hi fratres arte medici,
Per donum sancti spiritus,
Sunt effecti catholici
Multis clari virtutibus.
Iumentis & hominibus
Ad medelam proficiunt,
Vanis subiectos cultibus,
Christi cultores faciunt.
Sancti falsorum numinum
Ritus nefandos destruunt,
Et ad sequendum Dominum
Gentes errantes instruunt.

Inde

Inde Lysiæ præsidis,
      Præsentantur aspectibus,
      Qui iubet ambos validis
      Vexari cruciatibus.
Sed pœnas vincunt solidum
      Tenentes scutum fidei
      Crucis, telorum, lapidum,
      Maris, ignis, equulei.
Tandem plectuntur gemini
      Capitali sententia:
      Sicque sanctorum agmini
      Coniunguntur in gloria.
Gloria tibi Domine,
      Decus & iubilatio,
      Simul cum sancto Flamine,
      Sic laus Patri cum Filio.

---

# PROSE

## DE S. COSME ET S. DAMIAN.

ADEST dies veneranda,
      Dies votis amplexanda,
Dies digna cantibus.
Diem Deus hanc sacrauit,
      Qua præsentes aggregauit
Martyres martyribus.
Hi fratres erant natura,

Fide, arte, sepultura,
  Signis, & potentia.
Quos gemellos mater fudit,
  Hos hodie cœlis dedit
  Par meriti gratia.
Ars illorum medicina,
  Quorum erat disciplina,
  Pretium respuere.
Gratis datum, gratis dabant,
  Et sic manus conservabant,
  Immunes à munere.
Vim medendi qua pollebant
  Ex cœlesti contrahebant
  Dono, non ex homine.
Ars humana, vis herbarum,
  Cito fallit, prodest parum,
  Sine sacro Numine.
Qui salutem dat ægroto
  Sed in parte, non in toto,
  Non est artis optimæ.
Ars quam docet sacrum flamen,
  Confert ægris medicamen
  Corporis & animæ.
Claudus, surdus, mutus, cœcus
  Sanabantur; imo & pecus
  Horum beneficio.
His cesserunt cuncta rite,
  Dæmon, tortor, crux, sagittæ,
  Lapis, flamma, mersio.

Vt obirent morte pari,
   Ambos iuſſit trucidari,
   Tyranni vox impia.
Sic in terris prædicatur,
   Sic in cœlis coronatur,
   Martyrum victoria.
Pater, paſtor, Rex cunctorum
   Hunc tu ſeruans, rege chorum,
   Vt ſequamur vitam quorum
   Solatur præſentia.
Date Coſma, Damiane,
   Vt grex aſtans hic de mane,
   Paſtus viuat viuo pane,
   Veſtra per ſuffragia.   Amen.

---

# A SAINCT COSME
## ET SAINCT DAMIAN.

COsmam atque Damianum vene-
remur martyres, qui virtute merito-
rum micuerunt celebres, ac præſentis vi-
tæ pompas reſpuendo noxias, gloriantur
& exultant in cœleſti patria.

   *Verſ.* Lætamini in Domino & exultate
      iuſti.

   *Reſp.* Et gloriamini omnes recti corde.

## Oremus.

PRæsta quæsumus omnipotens Deus, vt qui sanctorum martyrum tuorum Cosmæ & Damiani reliquias veneramur, cunctis malis imminentibus eorum intercessionibus liberemur. Per Christum Dominum nostrum. *Resp.* Amen.


## Oremus.

MAgnificet te Domine, sanctorum tuorum Cosmæ & Damiani beata solemnitas, qua & illis gloriam sempiternam, & opem nobis ineffabili prouidentia contulisti. Per Dominum nostrum Iesum Christum Filium tuum, qui tecum viuit & regnat in vnitate Spiritus sancti Deus, Per omnia secula seculorum. *Resp.* Amen.


1633.